LETTRE

A Son Éminence

LE CARDINAL ARCHEVÊQUE DE PARIS

SUR LA

FONDATION D'UNIVERSITÉS CATHOLIQUES

EN FRANCE

PAR

MONSEIGNEUR TURINAZ

Évêque de Tarentaise

PARIS

VICTOR PALMÉ, ÉDITEUR DES *BOLLANDISTES*

25, RUE DE GRENELLE-SAINT-GERMAIN, 25

—

1874

LETTRE

A Son Éminence

LE CARDINAL ARCHEVÊQUE DE PARIS

SUR LA

FONDATION D'UNIVERSITÉS CATHOLIQUES

EN FRANCE

EMINENCE,

Une question d'une suprême importance s'impose en ce moment à tous les esprits et réclame toutes les sollicitudes de l'épiscopat français. Le temps paraît venu où la liberté de l'enseignement supérieur nous sera enfin accordée. La nécessité de cet acte de justice ne peut plus être contestée, et l'Assemblée nationale n'hésitera pas à sanctionner par ses décrets des droits imprescriptibles et si longtemps méconnus. Mais en attendant que ces espérances soient réalisées, il faut que nous songions sans retard à établir des universités ou des facultés catholiques. C'est sur la fondation de ces grandes écoles, qui doivent ressusciter parmi nous la puissance et les traditions glorieuses des universités du Moyen-Age, que je voudrais, en me plaçant pour ainsi dire sous le patronage de Votre Eminence, appeler l'attention et le zèle éclairé de mes vénérables collègues de l'épiscopat.

Le plus jeune de tous et un des derniers venus dans leurs rangs, je ne puis avoir d'autre ambition que de soumettre mes doutes, mes craintes, mes désirs à ceux qui sont mes pères et mes maîtres. En adressant à Votre Eminence ces pages que m'ont inspirées l'amour de l'Eglise et l'amour de la France, je leur donne une autorité qui ne leur peut venir de ma faiblesse et de mon obscurité.

Dans cette si grave question de la fondation des universités catholiques, je retrouve, comme partout et toujours, cette générosité, cette ardeur de notre nature française, impatiente de toute mesure, méprisant tous les obstacles, désireuse d'arriver au but d'un seul bond, et incapable de se contenir longtemps dans les limites de la modération et de la prudence. Il y a quelques années, c'est à peine si nous pensions à établir des universités catholiques. Les facultés placées sous la direction de l'Etat, malgré leurs imperfections et l'absence de toute autorité canonique et de priviléges reconnus par le Saint-Siége, paraissaient nous suffire. Et en ce moment on dirait que les universités vont surgir de toutes parts comme par enchantement. Chaque province ecclésiastique, et bientôt chaque ville importante par sa population et par ses souvenirs réclamera une université. C'est dans cet entraînement que j'aperçois un grand péril, une erreur qui pourrait nous conduire à des résultats funestes et irréparables.

Ma conviction profonde est qu'une seule université catholique doit être destinée en ce moment à l'enseignement des sciences sacrées. J'entends par sciences sacrées non-seulement la théologie dogmatique et morale, l'Ecriture-Sainte, le droit-canon, l'histoire ecclésiastique, etc., mais la philosophie catholique, qui est une préparation absolument nécessaire à l'étude de la théologie. Cette université doit être complète et comprendre l'enseignement des sciences profanes, qui seraient d'abord réservées à d'autres universités libres, à l'exclusion des études eccclésiastiques. Ces dernières universités feraient concurrence aux facultés de l'Etat et offriraient aux fils des familles chrétiennes un enseignement qui affermirait dans leurs âmes les croyances de leurs premières années.

Ce qui manque évidemment au clergé français, ce n'est pas la science commune, la science qui peut suffire dans les travaux ordinaires du ministère pastoral; ce qui lui manque, c'est une science supérieure. Il faut multiplier sur cette terre de France les prêtres savants, les théologiens consommés, les apologistes toujours prêts à poursuivre l'erreur partout où elle cherche à séduire les âmes, et capables de la vaincre par la puissance de la doctrine et de l'éloquence. Ce que réclament donc en ce moment le clergé et les catholiques de France, c'est un enseignement vraiment supérieur, un enseignement dont la valeur, l'autorité, l'influence ne puissent être discutées, et qui fasse de nouveau apparaître au milieu de nous ces écoles illustres vers lesquelles accouraient autrefois les élèves de toutes les nations.

Mais le premier obstacle qui s'oppose à la fondation de plusieurs universités capables de réaliser de si hautes espérances, ce sont les difficultés de l'enseignement lui-même ; car, nous ne pouvons nous le dissimuler, les professeurs nous feront défaut. Certes, ce n'est pas moi qui contesterai la vivacité d'intelligence, la pénétration et l'activité qui distinguent le peuple français. Si le clergé de cette grande et noble nation avait eu à sa disposition les trésors de science que possède le clergé de tels ou tels peuples, il aurait accompli des prodiges. Ce qui m'étonne, c'est qu'il ait produit et produise encore tant d'hommes et tant d'ouvrages remarquables, bien qu'il manque des ressources les plus nécessaires pour les hautes études. Quoi qu'il en soit de ces qualités précieuses et, j'oserai dire, incomparables, les professeurs des cours universitaires ne s'improvisent nulle part, et généralement ils ne se forment pas dans le silence de leur cabinet, mais sous la chaire de maîtres illustres dont ils recueillent la doctrine, la méthode et les traditions.

Qui ne saisit en effet, au premier regard, la différence qui existe entre la mission d'un professeur d'université et la mission d'un professeur de grand séminaire ? Celui-ci peut répondre dans une mesure suffisante à la confiance de son évèque, en interprétant avec précision et clarté les traités mis entre les mains de ses élèves et en les complétant sur certains points. Sans doute il ne pourra se borner à l'étude de quelques *compendiums,* il devra consulter les ouvrages immortels des grands docteurs. Mais enfin, ce qu'on lui demande surtout, c'est d'être un commentateur intelligent de traités élémentaires. Il n'en est point ainsi d'un professeur d'université; il doit avoir pénétré dans toutes les profondeurs de la science, il doit être remonté jusqu'à ses sources les plus élevées, il doit dominer tout l'ensemble de la doctrine dont il est le représentant et le maître.

Ces dons, si nécessaires toujours, sont plus nécessaires que jamais à l'heure présente. Nous ne pouvons l'oublier, il ne s'agit point en ce moment de soutenir une réputation déjà acquise ou de continuer des traditions transmises sans interruption; il s'agit de fonder des écoles nouvelles, ou plutôt, ce qui est plus difficile encore, il s'agit de

ressusciter des universités célèbres. La gloire de ces universités pèsera sur nous, et ce n'est pas avec des professeurs condamnés à la médiocrité que nous pourrons porter sans faiblir le fardeau d'un tel héritage.

Et puis, qui ne le sait? Au Moyen-Age, l'Eglise seule enseignait. La lutte sans doute existait au point de vue doctrinal; mais incontestablement elle était moins générale et souvent moins ardente qu'elle ne l'est de nos jours, et l'écho des luttes de la pensée ne pénétrait pas aussi rapidement jusqu'aux derniers rangs du peuple. Aujourd'hui la presse touche avec une incroyable audace aux questions les plus ardues et même aux principes les plus essentiels de la raison et de la foi. Elle n'hésite ni devant les sophismes, ni devant les négations, ni devant les blasphêmes. L'opinion publique elle-même demandera beaucoup aux professeurs de nos universités, surtout aux professeurs des sciences sacrées, et à ce point de vue l'opinion publique est dans le vrai.

Les sciences naturelles ont accompli des progrès merveilleux, et on croirait les voir à chaque instant se heurter dans leur marche contre les dogmes chrétiens. L'archéologie et l'histoire, en étudiant les ruines des cités antiques et en remuant les cendres des nations éteintes, soulèvent des problèmes qui touchent aux textes de nos saintes Ecritures et aux traditions les plus augustes. La philosophie s'égare dans mille systèmes que condamnent la révélation et le bon sens, mais qui passionnent et aveuglent les multitudes. Les communications s'établissent entre les peuples avec une rapidité que nos pères ne soupçonnaient pas ; et ce n'est plus à quelques centaines d'élèves seulement que s'adressera, à certaines heures l'enseignement de nos universités, mais à la France entière et même aux nations les plus lointaines, lorsqu'il se placera sur le terrain brûlant de nos controverses religieuses. Il est donc absolument nécessaire que les professeurs ne soient étrangers à aucune des découvertes des sciences contemporaines, à aucun des problèmes qui émeuvent les âmes, à aucune des aspirations de notre époque, et que partout et toujours ils puissent opposer aux affirmations de l'erreur les démonstrations victorieuses de la vérité catholique.

Mais pour atteindre ce but, la science elle-même ne suffit pas, la méthode est d'une souveraine importance. Or, la vraie méthode catholique est la méthode scholastique. Elle seule forme les intelligences aux luttes de la pensée ; elle seule leur donne la précision, la vigueur et cette pénétration à laquelle les moindres nuances n'échappent pas. Elle seule ferme à l'erreur toutes les issues et l'étreint dans les serres d'une logique inflexible. Elle seule a formé les grands docteurs du Moyen-Age. Il est, je pense, inutile d'insister sur la nécessité de cette méthode. Les plus éminents théologiens ont démontré sa valeur, les Souverains-Pontifes l'ont recommandée dans les termes les plus pressants (1); et partout des efforts généreux s'accomplissent pour la ramener dans l'enseignement de nos séminaires.

Il faut donc que les professeurs eux-mêmes soient formés à cette méthode si longtemps méprisée. Il faut qu'ils rétablissent ces *argumentations* serrées qui, chaque semaine, soumettent les thèses à l'épreuve des objections, et que, plusieurs fois pendant l'année scolaire, ils dirigent des discussions plus solennelles auxquelles assisteront les professeurs et les élèves de tous les cours. Il faut donc qu'ils possèdent cette méthode à un degré supérieur et qu'ils soient capables de soutenir les attaques de quelque part qu'elles viennent. Or, qu'on nous permette de le dire, ce n'est point par un travail solitaire que s'acquiert cette habileté, ce n'est même pas dans l'enseignement de nos séminaires tel qu'il est resté généralement jusqu'à ce jour, à moins qu'il ne s'agisse de quelques intelligences d'élite qui auraient consacré bien des années à l'étude de cette méthode.

Ce n'est pas moi qui contesterai le

(1) On peut voir, sur l'excellence et la nécessité de la méthode scolastique, les autorités citées par Mgr Capri dans sa brochure intitulée : *Quelques observations soumises à NN. SS. les Evêques concernant les études des séminaires en France.*

mérite des professeurs de nos grands
séminaires dans l'accomplissement de
leur grande mission, et ce n'est pas moi
qui leur demanderai l'impossible. Sans
doute l'enseignement et les traditions
d'une université catholique auraient été
pour eux un secours d'une incompara-
ble puissance. Plusieurs ont dû peut-
être, pour arriver à l'intelligence des
grands docteurs de l'Eglise, rejeter l'enseignement philosophique qui leur avait
été donné ; et un plus grand nombre
n'ont pu revenir aux doctrines scolasti-
ques que par leurs efforts et leur travail
personnels : quels progrès plus rapides
n'eussent-ils pas réalisés, si leur jeu-
nesse, si désireuse de savoir, avait été
soumise pendant quelques années à l'influence de maîtres illustres !

Je n'ai pas l'intention d'examiner en
ce moment la question si importante
des études dans nos grands séminaires ;
mais il appartient au sujet que je traite
de faire observer qu'une des principales
difficultés que rencontre l'enseignement
de la théologie en France, c'est la préparation insuffisante des élèves. « *Prima
et præcipua causa*, dit le Concile de
Bourges, année 1873, t. 3, c. 2, recher-
chant les causes de l'infériorité des
études ecclésiastiques dans notre pays,
*prima et præcipua causa est juvenes
plerosque ad studia ecclesastica minus
imparatos accedere.* » Et cette préparation est insuffisante, ajoute le Concile,
parce que les élèves ont été auparavant
accablés sous le poids des études qu'on

leur a imposées, et parce qu'ils n'ont qu'une connaissance imparfaite de la langue latine et de la philosophie. « *Est tamen,* dit le Concile avec une haute raison, *est tamen philosophia ommium scientiarum naturalium princeps et magistra, et necessarium ipsius theologiæ præambulum* (1). »

Je pourrais prolonger l'exposé des difficultés que présentera l'enseignement dans nos universités libres, et par conséquent la démonstration de la nécessité de faire le choix des professeurs avec la plus sérieuse attention. Mais j'arrive à une conclusion que que je ne puis éviter et que j'exprimerai avec une franchise complète. Je suis convaincu

(1) Plusieurs professeurs de nos séminaires ont publié durant ces dernières années des ouvrages remarquables. Je citerai la *Théologie de Toulouse,* corrigée et développée par M. l'abbé Bonal, et la Théologie de M. l'abbé Vincent, tous les deux prêtres de St-Sulpice. Les professeurs du séminaire de Saint-Dié ont donné une édition de la Théologie de Thomas de Charmes, enrichie de notes et de documents importants. M. l'abbé Grandclaude a publié, entre autres ouvrages, un traité de philosophie scolastique; et M. l'abbé Huguenin, du même séminaire de Saint-Dié, un traité de droit-canon. M. l'abbé Rosset, professeur au grand séminaire de Chambéry, a donné une seconde édition de son traité de philosophie, selon la doctrine de saint Thomas, traité qui a obtenu du P. Liberatore les éloges les plus flatteurs, et dont Mgr Capri a dit, dans la brochure déjà citée : « Nous ne saurions trop recommander cet ouvrage qui réunit toutes les qualités désirables pour un manuel de philosophie : ordre, clarté, profondeur, solidité et précision admirable. »

que les prêtres qui possèdent les qualités et le degré de science que je viens
de rappeler sont rares en ce moment
dans les rangs du clergé français. Parmi les prêtres qui seraient dignes de la
charge et des honneurs de l'enseignement universitaire, il en est auxquels
les travaux du ministère n'ont pas per-
mis de continuer les études de leur jeu-
nesse, il en est auxquels leur santé et
leur âge interdisent les fatigues d'un tel
enseignement; il en est d'autres enfin
que leurs fonctions enchaînent dans
leur diocèse.

A Rome, où le clergé séculier est
élevé dans les universités et préparé
même dès les classes élémentaires à l'é-
tude des sciences sacrées, où il vit, pour
ainsi dire, dans une atmosphère théologique, où les Ordres religieux les plus
illustres réunissent leurs sujets les plus
distingués, où les professeurs des cours
les plus importants sont préparés par les
fonctions de répétiteurs ou de professeurs des cours secondaires, à Rome,
le choix des professeurs des universités
n'est pas toujours sans difficulté. On a
vu des hommes doués de talents remarquables, après avoir acquis hors de
Rome une réputation brillante, se trouver incapables de la soutenir dans ces
hautes chaires sur lesquelles planent
tant de souvenirs et tant de gloire.

Une fois encore, faut-il s'étonner que
ces difficultés soient inévitables dans un
pays qui ne possède aucune université
catholique, où le clergé, depuis un siè-

cle bientôt, a été absorbé par les travaux du ministère, où les évêques, pressés de toutes parts, ont du réduire le temps nécessaire aux études théologiques, où la philosophie, après avoir été soustraite à l'influence des grands docteurs catholiques, a été abrégée, mutilée et condamnée à une seule année d'enseignement ; où enfin l'usage de la langue latine a été longtemps presque complétement abandonné ?

Dans de telles circonstances, la multiplicité des universités pour les sciences ecclésiastiques aboutirait fatalement à abaisser le niveau des études, non-seulement par la médiocrité des professeurs, mais encore par les conséquences de malheureuses rivalités. L'émulation, qui est une source féconde d'efforts généreux et de progrès, quand elle existe entre des universités de haute valeur, ne sera qu'une cause de décadence pour des facultés d'un ordre inférieur. La plupart d'entre elles, pour ne pas dire toutes ou presque toutes, ne pouvant attirer de nombreux étudiants par le mérite de l'enseignement, s'efforceront de les séduire par l'indulgence funeste avec laquelle les grades seront conférés. Tandis que les relations d'une grande université française avec les universités étrangères suffiraient à produire une salutaire émulation, les luttes de nos facultés, fondées ainsi en dehors des conditions d'un succès sérieux, nous entraîneraient sur une pente fatale. Sous l'apparence d'une restauration des études ecclésiastiques, nous n'aurions obtenu que leur abaissement ; et en multipliant les docteurs nous ne multiplierions pas le nombre des prêtres savants et dévoués, mais nous nous exposerions à créer parmi nous des vanités sottes et des nullités ambitieuses.

Un autre obstacle qui s'oppose en ce moment à la fondation de plusieurs universités pour les études ecclésiastiques, ce sont les dépenses considérables, je dirai écrasantes, qu'exigent ces établissements. Il faut songer non-seulement à de vastes édifices destinés à réunir les élèves pour les cours, mais à des bibliothèques qui demanderont à elles seules des sommes énormes. Et si l'on songe en même temps aux dépenses qu'exigeront les cours des sciences profanes, on arrive à des chiffres vraiment effrayants.

Je n'apporterai ici qu'un exemple, mais un exemple qui est à lui seul toute une démonstration. La ville de Lyon demande la création d'une faculté de médecine. Or, quelle somme a-t-elle votée pour l'établissement de cette faculté ? Quatre millions. Et, qu'on veuille bien le remarquer, il ne s'agit pas de fonder des hôpitaux en même temps qu'une faculté de médecine ; car Lyon possède dans ce genre des établissements de premier ordre. Quelles seront donc les sommes qu'exigera la création, non pas d'une seule faculté, mais d'une grande université catholique ? Que sera-ce si, en dehors de cette grande université, nous voulons établir pour les

sciences profanes plusieurs facultés libres? Certes je ne cite pas ces chiffres et je n'expose pas ainsi ces difficultés afin de paralyser le zèle et d'abattre les courages, mais parce qu'il est absolument indispensable de dissiper des illusions funestes.

Les professeurs de nos futures universités devront avoir un traitement qui leur permettra de se consacrer tout entiers à la préparation de leur enseignement. Ils ne peuvent, pour obtenir une vie honorable, être condamnés à solliciter des fonctions qui déroberaient à leurs travaux un temps précieux. Les prêtres qui consacreront leurs forces à cette grande mission ont droit à une dignité et à une liberté placées au-dessus de toute atteinte. Ce traitement doit être assez considérable pour qu'ils puissent visiter pendant les vacances les universités étrangères et acquérir quelques ouvrages pour leur bibliothèque personnelle, que des bibliothèques publiques ne remplacent jamais complétement.

Après les professeurs, les universités exigent des répétiteurs qui chaque jour exercent les élèves à l'argumentation scolastique et qui éclairent de leurs commentaires le texte des professeurs.

Une autre dépense très considérable encore sera exigée pour la fondation des séminaires annexés aux universités. J'aurais honte, je l'avoue, de démontrer que ces séminaires sont absolument nécessaires et qu'ils devront réunir, sans exception, tous les élèves ecclésiastiques qui suivront les cours des universités. Les séminaires ont excité les plus vives sollicitudes des Souverains-Pontifes et de tous les évêques depuis trois siècles ; leur influence dans l'Eglise a été et est encore si admirable, que repousser ou seulement restreindre cette influence, c'est atteindre dans leur source les forces vives et la gloire du clergé français. Ah ! sans doute, nous voulons des docteurs, nous voulons, au prix de tous les efforts et de tous les sacrifices, élever le niveau des études des sciences sacrées ; mais nous voulons plus encore, pour notre clergé, les grandes vertus sacerdotales qui ne peuvent naître que dans le recueillement et le silence des séminaires. Oui, nous voulons des docteurs, mais nous voulons plus encore des prêtres pieux et, s'il se peut, des saints. Ce sont les saints qui accomplissent dans l'Eglise les œuvres puissantes et fécondes ; eux seuls sont vraiment la *lumière du monde* et le *sel de la terre* (1). Et s'il fallait choisir, ce qu'à Dieu ne plaise, entre la condition actuelle du clergé français au point de vue de la science et une situation qui compromettrait parmi nous la piété, le zèle, l'esprit ecclésiastique, le choix de l'épiscopat ne peut être douteux : il faut repousser la science qui *enfle* et conserver la charité qui *édifie* (2).

(1) Math. v, 13, 14.
(2) I Cor. viii, 1.

Écoutons d'ailleurs, sur l'importance des séminaires, les exhortations du Vicaire de Jésus-Christ, Pie IX, dans son Encyclique du 9 novembre 1846 :

« Comme vous n'ignorez pas, Véné-
» rables Frères, que la bonne éducation
» des clercs est le seul moyen de pro-
» curer à l'Eglise de bons ministres, et
» qu'elle exerce une grande influence
» sur tout le cours de la vie, continuez
» à faire tous vos efforts pour que les
» jeunes clercs soient formés dès leurs
» tendres années à la piété, à une vertu
» solide, à la connaissance des lettres,
» à l'étude des hautes sciences, surtout
» des sciences sacrées. C'est pourquoi
» n'ayez rien tant à cœur que d'établir
» des séminaires pour les clercs, selon
» les préceptes des Pères de Trente, là
» où il n'y en aurait pas, d'augmenter,
» s'il est besoin, ceux qui existent, de
» leur donner d'excellents supérieurs et
» maîtres, et de veiller incessamment à
» ce que les jeunes clercs y soient élevés
» dans la crainte de Dieu, dans l'amour
» de la discipline ecclésiastique ; qu'ils y
» soient formés à la connaissance sur-
» tout des sciences sacrées selon la doc-
» trine catholique et sans aucun danger
» d'erreur, des traditions de l'Eglise,
» des écrits des saints Pères, des céré-
» monies et des rites sacrés, afin que,
» par là, vous ayez de courageux et ha-
» biles ouvriers, qui, animés de l'esprit
» ecclésiastique et formés par de bonnes
» études, puissent cultiver le champ du
» père de famille et soutenir avec gloire

» le poids des combats du Seigneur. »

Nous pourrions citer encore les paroles admirables du Souverain-Pontife dans ses lettres apostoliques pour la fondation du séminaire français de Rome.

M. l'abbé Reinhard de Liechty, dans quelques articles que le *Monde* publiait il y a quelques mois, cherche à démontrer que les Faculté de théologie doivent être établies dans les séminaires, et que tous les élèves de tous nos séminaires doivent être préparés à subir les examens exigés pour obtenir les grades (1).

« Il s'agit donc de trouver le moyen, tout en ayant des Facultés théologiques parfaitement organisées et canoniquement érigées, de relever l'enseignement des séminaires et de le mettre au niveau de l'enseignement théologique des académies

» Ce moyen, quel est-il? Pour nous, c'est celui d'établir les Facultés de théologie dans quelques séminaires et d'accorder aux étudiants des autres séminaires le droit de passer les examens et de prendre les grades aux Facultés sans être obligés d'en suivre les cours.

» Nous combattons de toutes nos forces l'idée qui semble être acceptée, depuis quelque temps, de fonder des Facultés de théologie distinctes des séminaires. Vouloir forcer les jeunes ecclésiastiques à faire encore quatre années d'études après avoir terminé leur séminaire, c'est condamner *à priori* les Facultés de théologie au néant. C'est exiger une chose plus que difficile, une chose impossible, c'est en outre réduire

(1) Numéro du 14 mai 1874.

l'enseignement théologique des séminaires, au lieu de le relever. »

Dans le numéro du 22 juillet, il répond ainsi à quelques objections qui lui ont été faites :

» On prétend encore qu'un enseignement académique dans les séminaires serait tout au plus profitable à quelques esprits transcendants, seuls capables de suivre le professeur dans des expositions scientifiques, mais qu'il serait désavantageux au grand nombre, qui n'a besoin que d'être initié aux éléments de la science, par la raison qu'il n'en tirerait aucun fruit ni pour lui-même ni pour les autres.

» Des objections de cette nature n'ont pas besoin de réfutation. Il suffit de les signaler pour les faire tomber. Il n'y a pas d'organisation sur la terre, quelque preuve qu'elle ait pu fournir, qui ne puisse être perfectionnée ou modifiée selon les besoins des temps. La routine est la pire des méthodes ; elle engendre la paresse et la favorise. Dans les sciences, comme en toute chose qui est du ressort de l'intelligence, ne pas avancer, c'est reculer.

» Quant à la prétention que l'enseignement académique n'est profitable qu'aux esprits supérieurs et désavantageux aux autres, elle est contraire à l'expérience. A ce compte, il faudrait supprimer toutes les académies. Nous n'avons jamais vu ni entendu que l'on puisse ou que l'on doive prendre la médiocrité comme règle et comme mesure de l'enseignement scientifique. »

Je regrette de combattre M. l'abbé Reinhard, dont les articles ont sur certains points une réelle valeur ; mais sa thèse ne me paraît pas démontrée ; et quelques-unes des objections qu'il prétend détruire en les signalant, sont à mes yeux des vérités incontestables.

D'abord, il n'est pas question de faire commencer les études universitaires seulement après quatre années passées dans nos séminaires. Un grand nombre de jeunes ecclésiastiques ont suivi, et avec succès, les cours des universités romaines sans avoir achevé leurs études dans nos séminaires de France, quelques-uns même sans les y avoir commencées. Quelle sera la durée des études dans nos universités futures ? C'est une question qui exigerait un examen attentif et des développements considérables. Elle pourra être résolue plus tard. Ce qui est certain, c'est que l'ancienne Sorbonne n'accordait les grades académiques qu'après bien des années de travail et des épreuves redoutables.

D'après la thèse que je combats, il y aurait en réalité une université dans chaque séminaire, puisque dans chaque séminaire les élèves seraient préparés à subir les épreuves exigées dans les universités elles-mêmes. Pourquoi donc fonder au prix de si grands sacrifices quelques universités dans leur forme régulière, puisque chaque diocèse peut avoir la sienne et l'avoir à peu de frais ? Il suffirait de nommer une commission supérieure pour présider les examens et conférer les grades.

Ce qui me semble absolument inadmissible, c'est que tous les élèves de nos séminaires puissent être préparés aux examens nécessaires pour obtenir les grades. Il n'est pas un seul des professeurs de nos grands séminaires qui ne soit retardé dans la marche de son enseignement par des élèves moins intelligents, moins actifs, moins appliqués au travail. Comment imposer à tous ces élèves l'ensemble de la doctrine et la forme de l'enseignement des universités ?

Oserait-on prétendre que tous possèdent au même degré les talents, l'activité, l'amour du travail ? Mais ce serait nier l'évidence. Affirmera-t-on que la différence des talents et de l'application importe peu ou n'importe pas quand il s'agit des études supérieures ? Mais le bon sens lui-même proteste contre de pareilles affirmations.

De deux choses l'une, dirons-nous aux défenseurs de cette thèse, de deux choses l'une : ou bien les études de nos universités seront vraiment supérieures, et dans ce cas il est absolument impossible de les imposer à tous les élèves de nos séminaires ; ou bien elles peuvent être suivies par la foule des élèves qui se destinent au ministère pastoral, et dans cette hypothèse il est inutile de fonder des universités, nos séminaires nous suffisent. La fondation des universités devient une œuvre sans but, et par conséquent, qu'on me permette de le dire, une œuvre insensée.

Certes, ce n'est pas ainsi que les Souverains-Pontifes ont compris qu'il fallait élever le niveau des études ecclésiastiques. Le Collége romain a un cours abrégé de théologie dogmatique appelé le *petit cours,* et destiné aux élèves qui ne peuvent suivre le grand cours, qui a deux classes chaque jour.

Notre Saint-Père le Pape Pie IX n'a pas songé à imposer à tous les séminaires des Etats pontificaux le programme des universités romaines. Il a, au contraire, fait choisir par un concours un élève dans chacun des séminaires diocésains, il a réuni ces jeunes gens dans un séminaire qui porte son nom et dont les élèves suivent les cours de l'Apollinaire.

On nous opposera peut-être que tous les jeunes gens qui veulent étudier le droit civil, la médecine, etc., suivent les cours des facultés. Mais, une fois encore, si ces facultés sont vraiment supérieures, par la doctrine et par la forme, ce système est un malheur pour les élèves médiocres, qui sont partout et toujours très nombreux ; si, au contraire, l'enseignement est faible, c'est un malheur pour les jeunes gens d'élite et peut-être pour tous. D'ailleurs, ces jeunes gens ne peuvent choisir, puisque des facultés seules existent pour l'enseignement de ces sciences. Mais nous avons à la disposition de nos élèves un séminaire dans chaque diocèse, et nous pouvons réserver aux sujets distingués à tous égards l'enseignement des universités.

Vouloir soumettre au même niveau les études des universités et des séminaires, c'est condamner les premières à un abaissement inévitable et compromettre les études dans nos séminaires. Il ne s'agit pas, comme on le prétend, de prendre la médiocrité pour règle ; il s'agit, au contraire, de ne pas l'imposer comme un joug fatal aux universités elles-mêmes. Il ne s'agit pas de subir la domination de la routine, il s'agit de ne pas admettre, sans un examen approfondi, des innovations qui peuvent être funestes. Il ne s'agit pas de supprimer les Académies et les Facultés, il s'agit de ne pas les rendre impossibles ou inutiles.

Le vrai moyen, le seul moyen de réaliser en France un véritable progrès des études ecclésiastiques est de fonder d'abord une grande université destinée à l'enseignement des sciences sacrées, et dans laquelle seront formés les professeurs de nos séminaires diocésains, et de consacrer dans ces séminaires deux ans à l'étude de la philosophie et quatre années au moins à l'étude de la théologie, du droit-canon, de l'Ecriture-Sainte, etc.

Les jeunes prêtres qui auront suivi le cours de l'Université, reviendront dans leurs diocèses enrichis des trésors de la science et de la piété, et formés à tous égards par des maîtres du plus haut mérite, parce qu'ils auront été choisis entre mille. Ne pouvant élever la foule de leurs élèves sur les hauteurs de la science, ils indiqueront aux plus intelligents et aux plus zélés les auteurs qu'ils peuvent approfondir, et les prépareront ainsi aux cours universitaires ou suppléeront à ces cours dans une certaine mesure.

Mais quelques-uns me demanderont, peut-être, si l'influence d'une seule université sera assez puissante pour relever en France les études ecclésiastiques. Je réponds d'abord que, des deux hypothèses que j'ai examinées, la fondation de plusieurs universités ne pourrait avoir en ce moment que des résultats déplorables, et que l'établissement des facultés de théologie dans tous les séminaires est absolument impossible. D'où je conclus avec le simple bon sens que, fût-il même démontré qu'une seule université n'obtiendrait pas toute l'influence désirable pour une restauration rapide et complète des études ecclésiastiques, l'hésitation ne serait pas permise.

Et cependant est-il vrai que l'influence d'une grande université établie dans les conditions que j'ai exposées ne sera pas prompte, universelle et féconde ? Nous avons en France quatre-vingt-quatre diocèses (1). Supposons qu'en moyenne chacun de ces diocèses envoie à l'université seulement quatre élèves en dix ans. Quatre élèves en dix ans, c'est bien peu ; une telle proportion serait déso-

_____

(1) Je ne parle pas des diocèses de l'Algérie et des colonies, qui pourraient cependant envoyer quelques jeunes ecclésiastiques à l'université.

lante, et mes espérances sont plus élevées quand je songe que cette université serait l'œuvre de l'épiscopat, du
clergé et des fidèles de France.

Or quatre élèves en dix ans font,
pour la France entière, trois cent trente-
six élèves. Il faut ajouter à ce chiffre les
élèves plus nombreux du diocèse dont
la ville épiscopale sera le siége de l'université, et les membres des congréga-
tions religieuses qui, elles aussi, vou-
dront profiter des avantages des cours
universitaires. Nous arriverions ainsi
bien certainement, même avec ces pro-
portions si réduites, à plus de quatre
cents élèves en dix ans.

Et quoi ! Il faudrait admettre que ces
quatre cents jeunes prêtres, choisis par
leurs évêques, enseignés par des maîtres
du plus haut mérite, dirigés pendant
tout le cours de leurs études par des
prêtres pieux et des répétiteurs distingués, formés ainsi au travail, à la discipline, à la piété et à la science, il faudrait admettre que ces quatre cents jeunes prêtres dispersés tous les dix ans
dans la France entière, appelés à la direction des grands séminaires et aux
postes importants de l'administration,
écrivains, apologistes ou orateurs, n'auraient pas une influence puissante sur
un clergé si avide de savoir et sur un
peuple si enthousiaste de ce qui est
grand et beau? Mais alors il faudrait dé-
sespérer de notre pays et de notre siècle.

Non, il n'en sera pas ainsi, je l'affirme
avec la conviction la plus profonde.

L'influence de cette grande université sera admirable ; l'écho de la parole de ses maîtres, l'autorité de leurs doctrines feront pénétrer partout l'amour des sciences sacrées ; et un souffle de vie passera sur nos écoles ecclésiastiques les plus humbles. Et puis, j'en ai la confiance, Dieu récompensera ces élans généreux, cette union qui toujours fait la force, mais qui la fera plus encore à cette heure désolée par tant de divisions aveugles et fatales.

Mais qu'on ne l'oublie pas : si chez aucun peuple l'influence d'une illustre université peut être plus universelle et plus féconde, chez aucun peuple aussi un essai malheureux n'aurait des conséquences aussi déplorables. Ces universités, dont l'enseignement ne s'élèverait guère au-dessus du niveau que les études de nos séminaires, destinés à tous, ne peuvent dépasser, ces universités qui ne répondraient ni à nes besoins pressants, ni aux désirs du clergé et de nos populations chrétiennes, seraient bien vite condamnées et condamnées sans appel par l'opinion publique.

Quelques-uns des généreux catholiques qui s'occupent, avec un zèle digne d'éloge, de la fondation des universités libres, ont supposé que les facultés qui seraient établies dans plusieurs provinces pourraient être réunies plus tard, si les avantages ou la nécessité de cette union étaient reconnus. Nous voyons, pour notre part, dans la réalisation de ce projet, des difficultés insurmontables.

Les élèves et les professeurs, les villes et les provinces elles-mêmes réclameront contre une réunion qui transportera ailleurs les fruits de leurs sacrifices. Une part de ces sacrifices sera certainement perdue par le fait seul de la translation. N'est-il pas beaucoup plus simple et beaucoup plus prudent de fonder d'abord pour les sciences sacrées une seule université, de fonder en même temps plusieurs facultés pour les sciences profanes ; puis, lorsque les professeurs des sciences sacrées auront été formés dans cette grande université et que de nouveaux sacrifices pourront être demandés à la charité des fidèles, de joindre à ces facultés destinées aux sciences profanes, les facultés de théologie ?

Il serait utile peut-être de traiter ici une question intimement liée à la fondation des universités catholiques en France : la question des priviléges que le droit commun accorde aux ecclésiastiques qui ont obtenu des grades universitaires. Je ne ferai, sur ce point, qu'indiquer rapidement quelques pensées que je soumets d'ailleurs, comme cette lettre tout entière, à la sagesse de mes vénérés collègues et au jugement du siége apostolique.

Ma conviction est que ces priviléges ne sont pas nécessaires pour encourager le clergé français aux travaux et aux sacrifices qu'imposent les hautes études. Je n'admets pas que ce clergé si actif, si zélé, si dévoué, si désireux de tout ce qui peut contribuer à la gloire de Dieu et de la sainte Eglise, réclame un tel moyen d'encouragement. Je n'admets même pas qu'il l'accepte sans tristesse et sans crainte. Est-ce que l'amour de la science, les avantages évidents des études supérieures, le désir de cette puissance qu'elles donnent pour lutter contre l'erreur, pour étendre les frontières du royaume divin de la vérité ; est-ce que cette élévation et cette illumination des intelligences qui gravissent les sommets resplendissants de la révélation ne suffisent pas à exciter et à soutenir tous les courages ? Et d'ailleurs, les évêques ne seront-ils pas heureux de confier les postes les plus importants à des prêtres qui auront donné des preuves de leurs talents et de leur savoir ?

On nous dit que les familles ne s'imposeront pas les sacrifices qu'exigent les cours universitaires, si elles n'ont pas la certitude de voir ces sacrifices récompensés par de hautes positions. Eh bien, je l'avoue, je ne puis croire que des familles chrétiennes, qui donnent à l'Eglise leurs enfants, n'aient pas une idée plus exacte et plus élevée de la vocation sacerdotale, et que la certitude des services que leurs fils rendront à leurs diocèses et l'espérance de voir les évêques récompenser leurs mérites ne suffisent pas à leur ambition. Jeunes gens vraiment appelés de Dieu aux honneurs et au fardeau du sacerdoce, parents pieux préparant ces âmes que Dieu destine à cette vocation sublime, tous, j'en ai la confiance, tous comprendront que la carrière ecclésiastique ne peut être l'objet de pareilles spéculations.

Et puis, il n'est pas utile que les familles supportent seules les sacrifices qu'exigent des études supérieures ; car il n'est pas utile que les jeunes gens qui appartiennent à des familles riches ou aisées arrivent seuls aux fonctions importantes de l'Eglise. Ils n'ont pas évidemment le monopole de l'intelligence et de la vertu ; ils ne doivent point avoir le monopole des études universitaires, et, comme conséquence, le monopole de ces priviléges et de ces honneurs qui leur seraient réservés. Il nous paraît d'une suprême importance que les administrations diocésaines s'imposent des sacrifices pour envoyer aux cours des universités quelques-uns des jeunes ecclésiastiques qui appartiennent (et c'est l'immense majorité) à des familles privées des avantages de la fortune. Les évêques auront ainsi une plus grande liberté pour le choix des sujets qu'ils jugeront dignes à tous égards de recevoir une instruction supérieure et capables de rendre à leurs diocèses des services exceptionnels.

Mais nous avons, pour défendre notre thèse, mieux que des démonstrations théoriques, nous avons des faits. Les jeunes ecclésiastiques qui sont allés, depuis bien des années déjà, achever leurs études à Rome, à Louvain, en un mot dans les universités étrangères, ont sup porté des dépenses plus considérables que celles qu'exigeront les cours de nos universités ; et cependant aucun d'entre eux n'a réclamé la mise en pratique des priviléges accordés par le droit. En ce moment le plus grand nombre d'entre eux dirigent l'enseignement des grands séminaires, ou occupent des postes importants dans le ministère pastoral et dans l'administration diocésaine. Leurs mérites n'ont pas été méconnus.

Il en sera ainsi des élèves de nos universités futures. La modestie donnera plus d'éclat à leur science ; ils seront plus estimés et plus aimés de leurs confrères, plus puissants par une influence vraiment salutaire. Ils iront, humbles, dociles et dévoués, partout où les enverra la volonté de leurs évêques, partout où les entraînera, sous cette autorité, un zèle qui ne connaîtra pas l'ambition.

Non, ces priviléges ne sont pas nécessaires. Laissons à notre clergé son désintéressement, ne touchons pas d'une main imprudente à sa plus belle couronne. En lui rendant les palmes de la science, ne lui ravissons pas les palmes, mille fois plus précieuses, de l'abnégation et de l'esprit sacerdotal. Ne craignons pas de lui trop demander ; il est à la hauteur de ces nobles et saintes inspirations.

Je pourrais démontrer encore que, pour un temps du moins, ces priviléges seraient funestes, non seulement au point de vue que je viens de considérer, mais au point de vue de l'administration elle-même. En France, pendant longtemps, les docteurs en théologie et en droit-canon seront peu nombreux, et par conséquent le choix pour les dignités et les fonctions qui leur sont réservées sera bien restreint. Dans ces conditions, ce choix soulèvera des murmures et des plaintes, et pourrait créer aux évêques des difficultés très graves. Qui ne comprend que quelques prêtres très instruits peuvent manquer des qualités qu'exigent, par exemple, les fonctions de vicaire capitulaire?

J'ajouterai que le respect pour les anciennes lois de l'Eglise ne doit pas être aveugle et demander leur application partout et toujours sans aucune distinction, surtout lorsqu'elles sont tombées en désuétude. Des lois très utiles autrefois peuvent devenir inutiles et même dangereuses après plusieurs siècles, dans des circonstances différentes et pour quelques peuples. L'Eglise elle-même admet que des coutumes opposées au droit commun peuvent être légitimes; elle modifie les lois anciennes et les remplace par des lois nouvelles.

Mais je ne veux que signaler ces difficultés. Ce que je désire, c'est que du moins un essai soit tenté dans le sens que j'indique. Personne ne contestera qu'il serait plus honorable pour le clergé français, plus conforme à l'esprit ecclésiastique de ne pas attirer les étudiants dans nos universités par l'appât des honneurs et des intérêts matériels. Pourquoi donc employer de tels moyens si leur nécessité n'est pas démontrée? Et comment affirmer qu'ils sont nécessaires sans faire un essai qui ne peut avoir de sérieux inconvénients? Pourquoi ne pas prier le Souverain-Pontife de suspendre, au moins pour un temps, la mise en pratique de ces priviléges, qui d'ailleurs n'est point reçue parmi nous en ce moment et qu'aucun docteur n'a réclamée jusqu'à ce jour?

Votre Eminence me demandera peut-être quelle mesure je propose pour arriver à la solution complète des questions auxquelles je viens de toucher rapidement. Je répondrai que la seule mesure qui me paraît possible est de soumettre la fondation de nos universités et toutes les questions qui s'y rapportent aux décisions d'une grande assemblée de l'épiscopat français, assemblée dans laquelle le nonce du Saint-Siége aurait une grande et nécessaire influence. Si les évêques d'Angleterre, d'Allemagne, de Belgique, des Etats-Unis ont des assemblées périodiques (1), pourquoi les évêques français ne pourraient-ils se réunir pour traiter d'abord cette affaire si pressante et d'une si souveraine importance? Tous ont le droit et le devoir d'apporter leur concours à

_____

(1) Les évêques d'Angleterre viennent de se réunir et de publier une lettre pour la fondation d'un collége destiné aux études supérieures. *Lettre synodale des Archevêques et évêques de la province de Westminster assemblés, le 11 août 1874.*

3

une œuvre qui intéresse au suprême degré tous les diocèses.

Nos universités auront ainsi une autorité, des forces et des ressources qu'un seul évêque ne pourrait leur donner. Nul ne se plaindra des règlements adoptés et de toutes les décisions qui seront prises, puisque toutes les opinions auront pu se faire entendre et que cette œuvre sera l'œuvre de tous. Cette grande assemblée pourra nommer une commission à laquelle les questions de détails seront réservées. En fondant une grande université catholique seule destinée à l'enseignement des sciences sacrées, l'épiscopat français donnera une impulsion puissante à la fondation des universités destinées à l'enseignement des sciences profanes, et il s'occupera de la fondation d'écoles normales pour les professeurs de nos petits séminaires et de nos colléges libres. Il me semble que les lumières, les efforts, l'influence de tous ne sont pas de trop pour réaliser de si grandes œuvres...

Dans quelques mois, Eminence, les évêques de France seront réunis autour de vous pour la bénédiction de la première pierre de l'église que la France repentante élèvera en l'honneur du Sacré-Cœur de Jésus. Ne serait-ce point une occasion favorable pour soumettre à cette auguste assemblée la fondation de nos universités libres? La France catholique tout entière applaudirait à cette union; elle s'associerait dans un élan admirable à la réalisation de ces grands desseins. Et un jour, bientôt peut-être, sous la direction du Vicaire de Jésus-Christ, sous l'action éclairée, vigilante, incessante de l'Episcopat, sous l'influence des prières et des aumônes du clergé et des fidèles, nos universités catholiques ressusciteront parmi nous la gloire, la puissance, la fécondité merveilleuse des écoles célèbres du Moyen-Age.

Veuillez, Eminence, en bénissant ces pages, et en leur donnant ainsi une autorité qu'elles n'ont point par elles-mêmes, m'accorder un témoignage de votre précieuse bienveillance, et veuillez agréer l'hommage de ma profonde vénération.

† CHARLES FRANÇOIS,

Évêque de Tarentaise.

Moutiers, 8 septembre 1874,
Fête de la Nativité de la très sainte Vierge.

Paris, imp. Balitout, Questroy et Cⁱᵉ, 7, rue Baillif.